BEI GRIN MACHT SICH IHR WISSEN BEZAHLT

Persönlichkeitstests, Narzissmus und Zusammenhang zwischen Persönlichkeit und Gesundheit in der Persönlichkeitspsychologie

Bibliografische Information der Deutschen Nationalbibliothek:

Die Deutsche Nationalbibliothek verzeichnet diese Publikation in der Deutschen Nationalbibliografie; detaillierte bibliografische Daten sind im Internet über http://dnb.d-nb.de abrufbar.

ISBN: 9783346539946
Dieses Buch ist auch als E-Book erhältlich.

© GRIN Publishing GmbH
Nymphenburger Straße 86
80636 München

Druck und Bindung: Books on Demand GmbH, Norderstedt Germany
Gedruckt auf säurefreiem Papier aus verantwortungsvollen Quellen

Das vorliegende Werk wurde sorgfältig erarbeitet. Dennoch übernehmen Autoren und Verlag für die Richtigkeit von Angaben, Hinweisen, Links und Ratschlägen sowie eventuelle Druckfehler keine Haftung.

Das Buch bei GRIN: https://www.grin.com/document/1149199

Einsendeaufgabe

Persönlichkeitspsychologie

Alternative C

Abgeben am 19.04.2021 im Prüfungssekretariat

SRH Fernhochschule – The Mobile University

Modul: Persönlichkeitspsychologie

Studiengang: B. Sc. Psychologie

Inhaltsverzeichnis

Abkürzungsverzeichnis

Bzw.	Beziehungsweise
DSM IV/V	4. / 5. Auflage des „Diagnostic and Statistical Manula of Mental Disorder"
ICD-10	10. Revision der Klassifikation „International Statistical Classificaion of Diseases Related Health Problem"
S.	Seite
WHO	World Health Organization
z.B.	Zum Beispiel

Abbildungsverzeichnis

Aufgabe 1

1. Güterkriterien für psychologische Testverfahren am Beispiel von Persönlichkeitstests

In der psychologischen Diagnostik werden festgelegte Verfahren eingesetzt, um Verhaltensweisen, Persönlichkeitsmerkmale und Kompetenzen zu bewerten, welche nach Gerrig (2018) als „Messung interindividueller Unterschiede" bezeichnet werden (Gerrig, 2018, S.43). Dabei wird eine Klassifikation in Gruppen vorgenommen, bei der Merkmalsträger mit ähnlichen psychischen Merkmalen in eine Gruppe eingeteilt werden, um eine diagnostische Fragestellung zu beantworten (Beauducel & Leue, 2014, S. 21). Somit hat die psychologische Diagnostik die Aufgabe, Entscheidungs- und Interventionsmaßnahmen, durch empirische Befunde, zu unterstützen und abzusichern. Die Anforderungen an die Diagnostik sind abhängig von den jeweiligen Anforderungen der Anwendungsfächer der Psychologie. So kann beispielsweise in der Arbeits- und Organisationspsychologie eine Zuweisung zu einer Berufsausbildung ermöglicht werden, während in der pädagogischen Psychologie über den Schulbesuch einer bestimmten Schule entschieden werden soll oder in der Verkehrspsychologie die Berechtigung einer Fahrzeugführung bewertet werden soll (Beauducel & Leue, 2014, S. 23). Um die Qualität diagnostischer Verfahren zu sichern, lassen sich allgemeine Güterkriterien für Testverfahren nennen, welche bestimmen, ob die wissenschaftlichen Anforderungen erfüllt werden, die notwendig sind, um gültige diagnostische Schlussfolgerungen zu treffen (Beauducel & Leue, 2014, S. 66; Gerrig, 2018, S.43). Diagnoseinstrumente müssen dabei den Hauptgüterkriterien, Reliabilität, Validität, Objektivität und Normierung bzw. Standardisierung entsprechen (Gerrig, 2018, S 43). Diese vier Hauptgüterkriterien sollen nun kurz genauer beleuchtet und auf das Beispiel von Persönlichkeitstests bezogen werde.

Reliabilität

Die Reliabilität eines Tests beschreibt die Genauigkeit eines Messverfahrens und bezieht sich somit auf die Konsistenz und Genauigkeit der Testergebnisse. Die sich aus der experimentellen Forschung ergebenen Ergebnisse sind dann als reliabel zu beschreiben, wenn sie sich bei wiederholter Testung unter ähnlichen oder gleichen Bedingungen, aber zu einem anderen Zeitpunkt, immer wieder ergeben. Ein reliables Messinstrument bringt immer gleichwertige Ergebnisse, wobei es nur reliabel sein kann, solange der zu messende Sachverhalt stabil ist (Gerrig, 2018, S. 43-44). Zu unterscheiden sind drei Arten der Reliabilität, Halbierungsreliabilität, Retest-Reliabilität und Paralleltest-Reliabilität genannt (Beauducel & Leue, 2014, S. 210). Eine Form der Halbierungsreliabilität ist die interne Konsistenz, bei der

1

inhaltliche Homogenität des Tests gemessen wird. Für das Beispiel der Persönlichkeitstests bedeutet dies, dass die Itemhomogenität und Testlänge Einfluss auf die interne Konsistenz eines Tests nehmen. Je stärker die Items eines Tests korrelieren, desto geringer wird der Einfluss der Testlänge auf die Reliabilität. Nach dem statistischen Maß Cronbachs Alpha hat ein hoher Item-Interkorrelations-Wert einen relevanten Effekt auf die Test-Reliabilität (Beauducel & Leue, 2014, S. 210-211). Bei der Retest-Reliabilität wird ein Test durch die gleiche Person zu unterschiedlichen Zeitpunkten durchgeführt, um das Maß der Korrelation zwischen den Testwerten zu ermitteln. Ergibt sich ein Korrelationskoeffizient von +1, ist der Test als vollständig reliabel zu bezeichnen, während ein Koeffizient von 0 besagt, dass kein Zusammenhang zwischen den Testergebnissen besteht. Somit ist ein Test um so reliabler, je näher sich sein Korrelationskoeffizient der +1 annähert (Gerrig, 2018, S. 44). Dabei ist besonders das zu messende Merkmal zu betrachten, da sich bei Merkmalen, die sich über die Zeit verändern, folglich geringere Retest-Reliabilitäts-Werte ergeben als bei stabileren Merkmalen. Bei Persönlichkeitstests muss also zuvor der Unterschied zwischen Zuständen (States) und Eigenschaften (Traits) beachtet werden (Beauducel & Leue, 2014, S. 211-212). Die Paralleltest-Reliabilität beschreibt das Maß der Korrelation zweier paralleler Tests, die das gleiche Merkmal untersuchen. So wird beispielsweise geprüft, wie Konsistent Items zweier Tests zueinander sind, da die korrelierenden Teile inhaltlich gleich sein sollten (Beauducel & Leue, 2014, S. 213).

Ein Test kann zwar reliabel sein und dennoch nicht valide, aber niemals valide ohne auch reliabel zu sein (Beauducel & Leue, 2014, S. 210).

Validität

Die Validität eines Tests gibt an, inwieweit der Test das misst, was gemessen werden soll, um die diagnostische Fragestellung zu beantworten. Ist ein Test valide bedeutet dies, dass Testergebnisse wahrscheinlicher verallgemeinert werden können und zum Beispiel vom Labor auf Alltagssituationen übertragbar sind. Validität bringt die Eigenschaft mit sich, gültige Aussagen über die Testbezogenen Verhaltensweisen oder Merkmale machen zu können sowie wahrscheinlichere Vorhersagen für Verhalten treffen zu können. (Gerrig, 2018, S. 44) Bezogen auf das Beispiel der Persönlichkeitstests bedeutet dies, dass die Validität angibt in welchem Ausmaß die Persönlichkeits- und Verhaltensmerkmale gemessen werden, die erfasst werden sollen (Rentzsch & Schütz, 2009, S. 213). Als Güterkriterium kann Validität in drei unterformen differenziert werden. Die so genannte Inhaltsvalidität liegt dann vor, wenn der gesamte Bereich des zu erforschenden Aspekts abgedeckt wird (Gerrig, 2018, S. 45). Dies entspricht bei Persönlichkeitstests der Anforderung, alle Items aufzuführen, die repräsentativ

2

das zu erforschende Merkmal erfassen. So muss überlegt werden, ob beispielweise Schulleistungstests oder Führerscheinprüfungen auch die Fertigkeiten messen, die als notwendigen Fähigkeiten für die Versetzung in die nächste Klasse oder zur Teilnahme in Straßenverkehr angesehen werden (Rentzsch & Schütz, 2009, S. 213). Eine weitere Form der Validität stellt die Kriteriumsvalidität dar. Dabei sollen angemessene und messbare Kriterien aufgestellt werden, die mit dem testrelevanten Merkmal in Beziehung stehen. Bezogen auf Persönlichkeitstests stellen Kriterien Konstrukte dar, die mit der Testleistung zusammenhängen. Ein Beispiel wäre dafür den Studienerfolg anhand der Abiturnote vorherzusagen oder bezogen auf Persönlichkeitsmerkmale den Berufserfolg anhand der Intelligenzmessung zu vermuten, da beruflicher Erfolg und Intelligenz korrelieren (Gerrig, 2018, S. 45; Rentzsch & Schütz, 2009, S.214). Die Kriteriumsvalidität ist zusätzlich hinsichtlich zeitlicher Dimensionen in weitere Unterformen zu klassifizieren. Wird die Korrelation zwischen den Testergebnissen und dem Kriterium erst zeitlich später erfasst, spricht man von Vorhersagevalidität. Eine Übereinstimmungsvalidität besteht hingegen, wenn die Korrelation von Kriterium und Testleistung zeitgleich erfasst wird. Retrospektive Validität bedeutet, dass Testleistungen mit einem zeitlich früheren erfassten Kriterium korreliert und inkrementelle Validität bezieht sich auf das Ausmaß, in dem ein Test auch über andere Prädikatoren aussagen trifft (Rentzsch & Schütz, 2009, S. 214). Die Konstruktvalidität, bezieht sich auf zuletzt auf den Grad, in dem das zugrundeliegende Konstrukt repräsentativ gemessen wird, also mit dem Merkmal korreliert, welches das zu messende Konstrukt definiert, bzw. nicht mit Merkmalen korreliert, die das Konstrukt nicht ausmachen (Gerrig, 2018, S. 45).

Objektivität

Objektivität diagnostischer Verfahren meint die Unabhängigkeit der Auswertung und Interpretation der Testergebnisse von den Rahmenbedingungen. Um dies zu gewährleisten ist eine genaue und einheitliche Planung hinsichtlich Durchführung, Auswertung und Interpretation notwendig. Folglich ist zu differenzieren zwischen Durchführungsobjektivität, Auswertungsobjektivität und Interpretationsobjektivität. Die Durchführungsobjektivität beschreibt die Festlegung, wie Testverfahren durchgeführt werden (Gerrig, 2018, S. 46). Es sollte dabei eine Standardisierung der Testsituation gegeben sein, also gleiche Testbedingungen für jeden Probanden (Rentzsch & Schütz, 2009, S. 209). Auswertungsobjektivität wird durch die Vorgabe für die Bewertung der Antworten geschaffen, wobei die automatisierte Computerauswertung diesen Aspekt unterstützen kann (Gerrig, 2018, S. 46). Standardisierte Antwortmöglichkeiten gewährleisten somit höhere Auswertungsobjektivität als offene Antwortformen. Die Interpretationsobjektivität bezieht sich zuletzt auf die Beurteilung der Testantworten, wobei zum Beispiel die beispielhafte Darstellung von Merkmalen oder Verhalten als standardisierter Vergleich genutzt werden können, um diese Form der Objektivität zu stärken (Rentzsch & Schütz, 2009, S. 209).

Normierung und Standardisierung

Die Standardisierung von Testinstrumenten und Anwendung dieser ist eine notwendige Bedingung, um Testergebnisse von einzelnen Probanden oder Gruppen vergleichbar zu machen. Dabei sollten eine kontrollierte Umgebung und gleiche Voraussetzungen für die Probanden geschaffen werden. Eine Form der Standardisierung ist auch die Normierung, bei der Vergleich von Probanden begünstigt wird (Maltby, Day & Macaskill 2011, S. 561-562). Es wird ein Bezugsrahmen für die Interpretation geschaffen, durch welchen beurteilt werden soll, ob Personen durchschnittlich, unterdurchschnittlich oder überdurchschnittlich bei einem Test abgeschnitten haben (Gerrig, 2019, S. 46; Rentzsch & Schütz, 2009, S. 230). Dafür wird das individuelle Ergebnis eines Probanden, unter Berücksichtigung relevanter Merkmalskriterien, wie Alter oder Bildungsgrad, mit den Ergebnissen der gesamten Population in Vergleich gesetzt, um es einordnen zu können (Rentzsch & Schütz, 2009, S. 230). Typische Beispiele für Testnormen finden sich in Eignungs- und Intelligenztests, wo ein Vergleichsmaßstab festgelegt wird, um auf Basis des Durchschnittswerts z.B. die Intelligenz zu beurteilen (Gerrig, 2018, S. 46; Maltby et al., 2011, S. 562).

1.2 Persönlichkeitsstörungen

Persönlichkeit beschreibt die Erlebens- und Interaktionsmuster zwischen Menschen und Umwelt, wobei versucht wird eigene wie gesellschaftliche Anforderungen nachzukommen. Sind Personen in diesem Prozess der Auseinandersetzung von starker Unflexibilität im Erleben und Verhalten geprägt, wird in der Psychologie häufig von Persönlichkeitsakzentuierungen und in signifikant entwickelten Fällen von Persönlichkeitsstörungen gesprochen (Caspar, Pjanic & Westermann, 2018, S. 131). Unter Persönlichkeitsstörungen versteht man Störungen, die das Denken, Handeln und Fühlen sowie die Interaktionsmöglichkeiten der betroffenen Person beeinflussen. Sie können dabei in unterschiedliche Kategorien klassifiziert werden, weisen aber alle Ähnlichkeit in den Aspekten Unflexibilität im Handeln, Beeinträchtigung im interaktionellen Verhalten und Ich-Syntonie auf. Letzterer Punkt beschreibt die Wahrnehmung betroffener Personen zu ihrer Störung, die dabei oft nicht als störend betrachtet wird (Sachse, 2020, S.1-2). Persönlichkeitsstörungen finden ihren Beginn in der Kindheit oder Jugend, können aber erst nach der Pubertät diagnostiziert werden. Es wird davon ausgegangen, dass die jeweiligen spezifischen Verhaltensmuster aus ehemaligen, aus der Kindheit/Jugend stammenden, Lösungsstrategien hervorgehen und sich bis zum Erwachsenenalter stabilisieren

4

(Prölß, Schnell & Koch, 2019, S. 110). Zur Differenzierung, und Diagnostik von Persönlichkeitsstörungen sind die zwei allgemeingültigen Klassifizierungssysteme ICD-10 und DSM-4 bzw. mittlerweile DSM-5 zu nennen, welche diagnostische Kriterien für spezifische Persönlichkeitsstörungen festlegen (Caspar et al., 2018, S. 131-132). Die allgemeinen diagnostischen Kriterien (F60) nach ICD-10 umfassen die Aspekte G1-G6. Verkürzt formuliert bezieht sich G1 auf das andauernde, von der gesellschaftlichen Norm stark abweichende Verhaltensmuster, G2 auf die daraus resultierenden unflexiblen Verhaltensweisen, G3 auf den daraus entstehenden Leidensdruck für Person und Angehörige, G4 auf die Dauerhaftigkeit dieses Zustands seit Anbeginn der späten Kindheit oder Jugend und G5 und G6 auf die Tatsache, dass sich die Abweichung nicht aus anderweitigen psychischen Störungen oder organischen Erkrankungen ergeben (Bohus, 2009, S.12). Das ursprüngliche amerikanische Klassifizierungssystem DSM-4 beinhaltete fünf Achsen, wobei Persönlichkeitsstörungen der zweiten Achse zugeordnet wurden. Dadurch entstand auch das sprachgebrauchliche Synonym „Achse-II-Störung". Das nachfolgende DSM-5 verwarf das Axialsystem, klassifiziert Persönlichkeitsstörungen aber weiterhin in drei übergeordnete Cluster. Cluster A bezieht sich auf sonderbar/exzentrische ausgeprägtes Verhalten und beinhaltet die paranoide, die schizoide und die schizotypische Persönlichkeitsstörung. Cluster B umfasst die antisoziale, die histrionische, die narzisstische und die Boderline-Persönlichkeitsstörung. Diese sind besonders durch dramatische und/oder emotionale Verhaltensweisen gekennzeichnet. Das letzte Cluster C beinhaltet die vermeidendselbstunsichere, die abhängige und die zwanghafte Persönlichkeitsstörung, welche durch ängstliches und vermeidendes Verhalten geprägt sind (Caspar et al., 2018, S. 132-133). Im Folgenden soll spezifisch auf die sogenannte narzisstische Persönlichkeitsstörung und dessen Diagnosemöglichkeit eingegangen werden.

1.2.1 Die narzisstische Persönlichkeitsstörung

Caspar et al. (2018) benennt „Menschen mit einem übertriebenen Anspruchsdenken, großen Verlangen nach Bewunderung und einem unbeständigen Selbstwertgefühl" als Personen mit Charakteristika einer narzisstischen Persönlichkeitsstörung (S. 135). Dabei können, wie auch bei andere Persönlichkeitsstörungen, leichte bis zu schweren Störungen abgestuft werden (Sachse, Sachse & Fasbender, 2011, S. 10). Spezifischer stellen DSM4 Und ICD-10 neun Kriterien auf, die dem Verhaltensmuster einer narzisstischen Persönlichkeitsstörung entsprechen. Diese sollen folgend in verkürzter Form dargestellt werden. 1. Größengefühl hinsichtlich der eigenen Bedeutung 2. ausgeprägte Fantasien bezüglich Macht, Erfolg, Liebe, etc. 3. Überzeugung einzigartig zu sein und nur von Personen des gleichen „Niveaus" verstanden zu werden 4. Bedürfnis nach übermäßiger Bewunderung 5. übermäßige Anspruchs-/Erwartungshaltung 6. ausbeuterisches und eigennütziges Verhalten in zwischenmenschlichen Beziehungen 7. Mangel und Ablehnung von Empathie 8. starkes Neidgefühl; Glaube andere Personen seien neidisch auf Betroffenen 9. arrogantes, überhebliches Verhalten (Bohus, 2009, S 25-26).

Bei der narzisstischen Persönlichkeitsstörung liegt eine ausgeprägte ich-Syntonie vor (Bohus, 2009, S. 131). Das, im sozialen Kontakt auftretende, überhebliche Größenselbst steht einem fragilen Selbstwert und Angst vor Kritik gegenüber, wodurch Krisensituation, wie Misserfolg oder Kritik gefährliche Auswirkungen für Betroffene haben können. So besteht eine erhöhte Suizidgefahr sowie erweiterte Suizidgefahr aufgrund der narzisstischen Grundeinstellung (Prölß, Schnell & Koch, 2019, S.115). Zudem mangelt es Betroffenen Personen meist an Empathie, wobei das Einfühlungsvermögen stark beschränkt ist, nicht aber das Erkennen und Einschätzen von Gefühlen andere Personen. So ist es narzisstischen Persönlichkeiten typisch durch manipulatives Verhalten gegenüber Mitmenschen eigene Vorteile zu stärken. Im Mittelpunkt der Störung steht meistens das Selbstkonstrukt der eigenen Großartigkeit und der Wunsch sowie die Erwartung bewundert und anerkannt zu werden (Prößl et al., 2019, S.113-115). Arrogantes und überhebliches Verhalten sind in diesem Kontext Teil einer Kompensationsstrategie, um ein brüchiges Selbstwertgefühl mit dem erschaffenen Selbstkonstrukt zu überdecken (Bohus, 2009, S. 132). Des Weiteren sind zwei Typen von Narzissten zu unterscheiden, erfolgreicher und erfolgloser Narzisst genannt. Während der erfolgreiche Narzisst mit starker Leistungs- und Konkurrenzorientierung eine hohe Erfolgsquote, wie zum Beispiel beruflichen Erfolg, erzielt, zeigt der erfolglose Narzisst zwar die gleichen Charakteristika der narzisstischen Persönlichkeitsstörung, kann diese aber nicht in realistisches Leistungsverhalten umsetzten. Durch fehlende Kompetenzen äußert sich dies dann oft in Schulabbruch, Arbeitslosigkeit, Flucht in virtuelle Online-Welten oder übermäßigem Alkoholkonsum (Sachse, 2020, S. 2-3; Prößl et al., 2019, S.116). Laut Prölß et al. (2019) sind weniger als 1% der Allgemeinbevölkerung von der Narzisstischen Persönlichkeitsstörung betroffen (S.118).

Die Diagnose einer narzisstischen Persönlichkeitsstörung erfolgt vereinfacht dargestellt in zwei Schritten, in welchen zunächst festgestellt wird, ob bei einem Patienten eine Persönlichkeitsstörung vorliegt und dann, welcher spezifischen Persönlichkeitsstörung der Patient zugeordnet werden kann (Asendorpf, 2019, S. 76). Um eine narzisstische Persönlichkeitsstörung diagnostiziert zu bekommen, muss die betroffene Person also die allgemeinen Kriterien für spezifische Persönlichkeitsstörungen (F60) nach ICD-10 erfüllen sowie nach DSM-IV und ICD-10 mindestens fünf Kriterien der oben genannten 9 Kriterien erfüllen (Bohus, 2009, S.24-25). Die allgemeine Identifizierung der Persönlichkeitsstörung „erfolgt über eine ausführliche Anamneseerhebung mit präzisem Herausarbeiten immer wiederkehrender Verhaltensmuster und einer aktiven Überprüfung des Vorliegens der diagnostischen Kriterien." (Bohus, 2009, S.25). Hinzukommend sollte die vollkommene biographische und psychiatrische Vorgeschichte der betroffenen Person erfasst werden und auch eine Fremdanamnese durch Familienangehörige oder anderweitige Bezugspersonen kann den Diagnoseprozess unter Umständen unterstützen. Im Allgemeinen ist besonders die Verhaltensbeobachtung, beispielsweise im Gespräch, von Bedeutung, um eine Persönlichkeitsstörung zu erkennen, wobei Symptome einer Persönlichkeitsstörung aber nicht zwangsläufig offensichtlich und direkt im Gespräch zum Vorschein kommen müssen (Bohus, 2009, S. 25-26).

Aufgabe 2

2. Persönlichkeit und Gesundheit

Um den Zusammenhang zwischen Persönlichkeit und Gesundheit aufzuschlüsseln, sollen zunächst beide Begriffe kurz definiert werden. Persönlichkeit beschreibt nach Gerrig (2018) „die Gesamtheit aller überdauernden individuellen Besonderheiten im Erleben und Verhalten eines Menschen, seine Wesenszüge." (S.508). Dabei setzt sie sich aus einer komplexen Menge an Persönlichkeitseigenschaften zusammen, welche das Verhalten einer Person über einen dauerhaften Zeitraum beeinflusst. Die Persönlichkeitspsychologie versucht mithilfe empirischer Methoden Persönlichkeit zu beschreiben, zu differenzieren und zu vergleichen sowie Verhalten vorherzusagen und zu erklären (Gerrig, 2018, S. 508). Im Versuch der Beschreibung und des Vergleichs sollten pathologische Merkmale zu Erfassung ausgeschlossen werden, kulturelle Hintergründe und Lebensalter sollten dafür aber Berücksichtigung finden (Asendorpf, 2019, S.10). Der Begriff Gesundheit wird im Grundungsatz der World Health Organisation (WHO) von 1948 als Zustand „of complete physical, mental and social well-being" („Zustand eines vollkommenen körperlichen, seelischen und sozialen Wohlbefindens") definiert (Burci & Vignes, 2004, S. 5; Kalch, 2019, S.1). Damit beschreibt Gesundheit nicht nur die Abwesenheit von Krankheit, sondern bezieht das individuelle Wohlbefinden auf körperlicher, psychischer und sozialer Ebene mit ein

(Kalch, 2019, S.1). Dennoch ist Gesundheit nicht als einheitlich definierbares Konstrukt erklärbar, sondern lässt sich als soziales Konstrukt bezeichnen (Gerrig, 2018, S. 490). Im folgenden Kontext soll Gesundheit nach der Definition der WHO betrachtet werden.

Der Zusammenhang zwischen Gesundheit und Persönlichkeit wird bereits seit langer Zeit vermutet. Smith & Williams (1992) und Suls & Ritterhouse (1990) stellten dazu mehrere Modelle auf, die diesen Zusammenhang erklären könnten (Maltby, 2011, S. 851). Das erste Modell bezieht sich auf die Forschung Friedmans & Rosenmans, die einen kausalen Zusammenhang zwischen Persönlichkeit und Gesundheit bereits in den 1950er Jahren vermuteten. Die Forscher untersuchten die Relation zwischen der Wahrscheinlichkeit zu erkranken, spezifisch an koronaren Herzerkrankungen und Persönlichkeitszügen. In diesem Kontext differenzierten Friedman & Rosenman zwei Verhaltensmuster, Typ A und Typ B genannt. Während das Typ A Verhaltensmuster von Feindseligkeit, Konkurrenzorientierung, Aggressivität und Ehrgeiz geprägt ist, zeichnet das Typ B ist als gegenteilig zum Typ A aus. Friedman & Rosenman legten dar, dass Personen mit dem Typ A Verhaltensmuster öfter an koronaren Herzkrankheiten litten, als andere Personen der Allgemeinbevölkerung. Dabei wurde die Feindseligkeit als Persönlichkeitszug als besonders risikohaft identifiziert, da diese, aufgrund der chronischen Stressreaktionen und sozialer Abgrenzung, physiologische als auch psychische Belastungen verursacht. Es wurde also ein kausaler Zusammenhang zwischen Persönlichkeitsmerkmal und Krankheitsanfälligkeit vermutet (Gerrig, 2018, S. 501).

Ein anderes vorgeschlagenes Modell ging von einer korrelativen Beziehung zwischen Gesundheit und Persönlichkeit aus. Biologische Ursachen, wie genetische Veranlagungen, sollen dabei der gleiche Auslöser für spezifische Krankheiten und bestimmte Persönlichkeitsmerkmale sein (Maltby et al., 2011, S. 852).

Ein drittes Modell macht Persönlichkeitsmerkale verantwortlich für risikobehaftetes Verhalten, wodurch die Gesundheit gefährdet werde kann. Ein solches Verhalten kann sich im Alkohol oder Drogenkonsum äußern (Becker, 2014, S.25-26; Maltby et al., 2011, S. 852-853). Auch das Sensations Seeking als Persönlichkeitsmerkmal lässt sich in diesem Zusammenhang als Beispiel nennen. Dabei suchen Personen gezielt nach Situationen und Erfahrungen, die intensive Emotionen hervorrufen, wobei soziale, juristische oder körperliche Risiken in Kauf genommen werden (Wyhlidal, 1997, S.57).

Das letzte vorgeschlagene Modell befasst sich mit dem konkreten Einfluss von Krankheit auf die Persönlichkeit. In diesem Konzept wird davon ausgegangen, dass bestimmte Krankheitsbilder so relevante psychologische Auswirkungen haben können, dass sie eine Persönlichkeitsveränderung verursachen (Maltby et al., 2011, S. 852-853).

8

Weitere gesundheitsrelevante Persönlichkeitsmerkmale, wie das Typ-A-Muster, sind nach Becker (2014) unter anderem Stressbewältigung (Becker, 2014, S.27), soziale Unterstützung (S.33), Optimismus (S.34), Kontrollüberzeugung (S.36), Selbstwirksamkeit (S.37), Kohärenzsinn (S.38), Neurotizismus (S.40) und Emotionsregulation (S.43). Im folgenden Kapitel soll die Selbstwirksamkeit, beruhend auf der sozial-kognitiven Theorie nach Bandura, genauer beleuchtet werden.

2.1 Selbstwirksamkeit

Der Begriff Selbstwirksamkeit bekam durch Albert Banduras sozial-kognitive Lerntheorie große Bedeutung. In dieser besagt Bandura, dass Selbstwirksamkeitserwartungen, also Handlungs-Ergebnis-Erwartungen, kognitive, emotionale wie motivationale Prozesse und Interaktionen fundamental beeinflussen können (Barysch, 2016, S.202). Selbstwirksamkeit lässt sich in diesem Kontext nach Becker (2019) als „Glaube einer Person, dass sie fähig ist, eine bestimmte Aufgabe in einem bestimmen Kontext zu erledigen" definieren (Becker, 2019, S.177). Besagte Aufgaben sind dabei keine einfachen Routinen, sondern beanspruchen Ausdauer und Anstrengung einer Person (Barysch, 2016, S.202-203). Der Begriff Selbstwirksamkeitserwartung bezieht sich spezifisch auf die Erwartungshaltung einer Person, durch die eigenen Kompetenzen gewünschtem Verhalten oder Handlungen nachkommen zu können. Teil dieser Erwartung ist auch die Annahme, dass das eigene Handeln Einfluss auf die Umwelt nimmt. Hohe Selbstwirksamkeitseinschätzungen können sich verschieden auf die Wahrnehmung, Motivation und Leistung auswirken und sind mit psychologischer Resilienz, also dem Grad der Widerstandsfähigkeit in Stresssituationen, in Verbindung zu setzen (Gerrig, 2018, S.485 + S. 532-533). Zudem wird auch die Umwelt in Banduras Theorie miteinbezogen. Außenstehende Personen können positiven, aber auch negativen Einfluss auf die Wahrnehmung der eigenen Selbstwirksamkeit nehmen (Barysch, 2016, S.203). So können nicht nur Erfolgs- und Misserfolgserwartungen über die Entscheidung Aufgeben oder Durchhalten, beim Bewältigen einer Aufgabe, bestimmen, sondern auch die Wahrnehmung der Umwelt als hemmend oder förderlich ist hierbei von Bedeutung. Somit spielt also die Selbstwirksamkeitserwartung eine signifikante Rolle für das Verhalten und die ergebnisorientierte Erwartung nimmt Einfluss auf Entscheidung und Handlung während der Aufgabenbewältigung, schlussfolgernd also auf das Handlungsergebnis (Gerrig, 2018, S. 533).

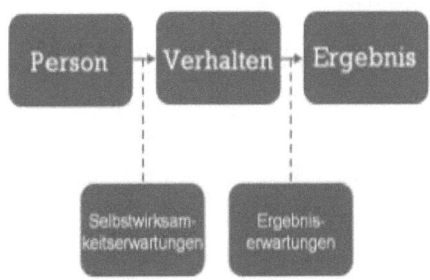

Abbildung 1: Banduras Modell der Selbstwirksamkeit

https://www.votsmeier.com/basis/lernen-am-modell/

Um die Selbstwirksamkeitserwartung zu stärken nennt Bandura vier Quellen, welche diese antreibt. Die erste Quelle findet sich in der „erfolgreichen eigenen Ausführung", in der eine erfolgreiche Bewältigung einer Aufgabe die Erwartung verstärkt, auch zukünftig diese Aufgabe zu bewältigen. Die „stellvertretende Erfahrung" beruht auf Banduras Theorie zum Lernen am Modell und bezieht sich auf die stellvertretende Verstärkung, bei welcher durch das Beobachten einer Person beim erfolgreichen Lösen einer Aufgabe, die motivationalen Prozesse diese Aufgabe lösen zu können angeregt werden. Bei der dritten Quelle, „verbale Informationen", steigert die verbale Bestärkung durch andere Personen die Erwartungshaltung. Die letzte Quelle, „emotionale Erregung" genannt, umfasst die emotionale Erregung in Bezug auf die Herausforderung, wobei positive Emotionen die Selbstwirksamkeitserwartung stärken, während negative Emotionen diese hemmen (Pfeffer & Wegner, 2020, S. 538). Zudem wirken Selbstwirksamkeitserwartungen und positive Handlungsergebnisse oftmals zirkulär, da Personen mit hoher Selbstwirksamkeitserwartung dazu neigen sich anspruchsvolle Aufgaben zu widmen und die erfolgreiche Bewältigung dieser Herausforderungen sich wiederum positiv auf die Selbstwirksamkeitserwartung auswirkt (Gerrig, 2018, S. 533).

Zusammenfassend beschreibt die soziale-kognitive Theorie Banduras den Einfluss der Selbstwirksamkeit und der Selbstwirksamkeitserwartung auf das menschliche Verhalten unter Berücksichtigung hemmender und stärkender Faktoren der Umwelt. Vor allem die Selbstwirksamkeitserwartung scheint dabei eine wichtige Ressource für erfolgsbringende Handlungen zu sein und kann sich ebenfalls positiv auf das Gesundheitsverhalten auswirken (Pfeffer & Wenger, 2020, S. 537). Die konkrete Verbindung zwischen Selbstwirksamkeit und Gesundheit soll im folgenden Kapitel genauer thematisiert werden.

2.2.1 Selbstwirksamkeit und Gesundheitsförderung

Selbstwirksamkeit spielt im Rahmen der Gesundheitsförderung eine relevante Rolle, da besonders die Selbstwirksamkeitserwartung einen positiven Einfluss auf gesundheitsförderliches Verhalten nehmen kann (Kalch, 2019, S. 36). So wird ihr in der Prävention von Krankheiten, aber auch in der Förderung der Gesundheit ein bedeutender Wert zugeschrieben (Harzard, 1997, S.246). Dabei wird von der Annahme ausgegangen, dass eine Person mit hoher Selbstwirksamkeitserwartung, auch wahrscheinlicher mit positiven Ergebnissen ihrer Handlungen rechnet und somit bestimmte Verhaltensweisen eher umsetzt als Personen mit geringer Selbstwirksamkeitserwartung. Dieses Prinzip lässt sich auch auf das Gesundheitsverhalten übertragen und kann sich beispielsweise im Kontext Bewegung, mit der Ergebniserwartung des Gewichtsverlusts, äußern (Kalch, 2019, S. 22). Personen mit hoher Selbstwirksamkeitserwartung setzten sich also höhere Ziele und scheinen mehr Anstrengungen in ihr Gesundheitsverhalten zu investieren als Personen mit geringer Selbstwirksamkeitserwartung, die eher dazu neigen aufzugeben oder Verhaltensweisen gar nicht erst umzusetzen (Faller & Lang, 2010, S.315). Banduras sozial-kognitive Theorie nennt eine positive Selbstwirksamkeitserwartung sogar als vorausgesetzt, „für die Änderung gesundheitsbezogener Wahrnehmungen, Intentionen und Verhaltensweisen" (Kalch, 2019, S. 20). Auch der Zusammenhang zwischen Selbstwirksamkeit und psychologischer Resilienz wirkt sich gesundheitsfördernd aus, da hohe Selbstwirksamkeit zum einem bewältigendes Verhalten in Stresssituationen begünstigt und zum anderen physiologische Reaktionen auf Stressoren hemmt. Geringe Selbstwirksamkeit hingegen kann zu stärkeren Angst- und Vermeidungsreaktionen führen, wodurch Handlungsversuche wahrscheinlicher scheitern und wiederum niedrige Selbstwirksamkeitserwartungen hervorrufen. Ein solcher Prozess kann dann auch in Depressionen oder andere emotionale Störungen münden (Barysch, 2016, S.206). Eine Längsschnittstudie Banduras, in der die soziale Selbstwirksamkeit und Depressivität von Schulkindern untersucht wurde, zeigt sich, dass eine geringe sozialer Selbstwirksamkeit in einem direkten Zusammenhang mit der Entwicklung von Depressivität stand. Auch bei geringer akademischer Selbstwirksamkeit konnte ein ähnlicher Einfluss festgestellt werden, wobei sein Effekt sogar stärker war als die eigentliche schulische Leistung (Salewski & Renner, 2009, S. 168). Andere Beispiele für den Einfluss der Selbstwirksamkeit auf das Gesundheitsverhalten finden sich in präventiven und gesundheitsfördernden Verhaltensweisen wie gesunder Ernährung, regelmäßiger körperlicher Aktivität, Kondombenutzen, regelmäßige Impfungen oder Raucherentwöhnung (Faller & Lang, 2010, S.315; Kalch, 2019, S.16 + 20).

Der Wert der Selbstwirksamkeit für das Gesundheitsverhalten wird nicht nur in massenmedialen Kampagnen und der Gesundheitskommunikation genutzt, sondern findet auch im betrieblichen Gesundheitsmanagement Bedeutung (Klach, 2019, S.20). Im folgenden Kapitel sollen drei Handlungsempfehlungen für Führungskräfte genannt werden, um die Selbstwirksamkeit ihrer Mitarbeiter mehr mit einzubeziehen und zu stärken.

2.2.2 Handlungsempfehlungen für Führungskräfte in Bezug auf Selbstwirksamkeit

Maßnahmen zur Berücksichtigung und Stärkung der Selbstwirksamkeit von Mitarbeitern stehen in direktem Bezug zu gesundheitsbezogenen präventiven Maßnahmen und Strategien, die in Unternehmen etabliert werden, um den Arbeits- und Gesundheitsschutz zu verbessern und eine langfristige psychische und physiologische Gesundheit der Mitarbeiter zu gewährleisten (Struhs-Wehr, 2017, S. 6). Solche Maßnahmen sollen für Arbeiter wie Unternehmen bedeutsam sein, da der Unternehmenserfolg immer mehr mit dem Wohlbefinden und der Arbeitszufriedenheit der Mitarbeiter in Beziehung gesetzt wird (Struhs-Wehr, 2017, S.3). Dabei sollte nicht nur bereits bei der Personalauswahl auf Selbstwirksamkeit als Kompetenz, beispielsweise durch psychologische Tests, geachtet werden, sondern auch die Förderung der Selbstwirksamkeit der vorhandenen Mitarbeiter Berücksichtigung finden (Becker, 2019, S.182). Im Folgenden sollen drei konkrete Handlungsempfehlungen für Führungskräfte dargelegt werden, die zu Erhöhung der Selbstwirksamkeit ihrer Mitarbeiter beitragen sollen.

1. Weiterentwicklung von Kompetenzen

Selbstwirksamkeit steht oftmals im konkreten Zusammenhang mit den eigentlichen Fähigkeiten der Mitarbeiter. So stärkt der Aufbau von tatsächlichen Kompetenzen auch den Aufbau der Selbstwirksamkeit. Hohe Kompetenzen begünstigen die Wahrscheinlichkeit das Personen Verhaltensweisen überhaupt ausführen, da sie sich eher zugetraut werden als von Menschen mit geringerer Kompetenz. Zudem ist auch das Erleben von Erfolgserlebnissen naheliegender für Mitarbeiter mit ausgebauten Fähigkeiten. Diese Erfolgserlebnisse wirken motivierend und steigern wiederum die Selbstwirksamkeit (Becker, 2019, S.181). Dies steht im Zusammenhang mit Banduras Quelle der erfolgreichen eigenen Ausführung zu Stärkung der Selbstwirksamkeit (Pfeffer & Wegner, 2020, S. 538). Um die Kompetenzen von Mitarbeitern weiterzuentwickeln empfiehlt es sich Fortbildungen und Coachings in verschiedenen Bereichen anzubieten und durchzuführen, um die Weiterentwicklung von Kompetenzen zu fördern.

2. Vorbildfunktion der Führungskraft

Als weitere wichtiger Aspekt zu Förderung der Selbstwirksamkeit der Mitarbeiter, ist die Rolle der Vorbildfunktion der Führungskraft zu nennen (Becker, 2019, S.181). Dieser Ansatz beruht auf Banduras Quelle der „stellvertretenden Erfahrung", welche auf seiner sozial-kognitiven Lerntheorie des Beobachtungslernens basiert. Dabei sollen die motivationalen Prozesse der Mitarbeiter als Beobachter angeregt werden, wenn diese das Modellverhalten der Führungskraft als Modell beobachten. Das Modellverhalten stellt in diesem Kontext die Erfolgreiche Bewältigung einer (komplexen) Aufgabe dar. Hier nehmen Führungskräfte eine wichtige Vorbildfunktion für ihre Mitarbeiter ein, da diese sich in ihren Verhaltensweisen an ihrer Führungskraft orientieren. Da Führungskräfte oftmals eine hohe Aufmerksamkeit und hohes Ansehen von ihren Mitarbeitern erlangen können sowie viel Präsenz zeigen, können sie durch gezielte Handlungen Aufmerksamkeits-, Anreiz- und Motivationsprozesse ihrer Mitarbeiter anregen, um Beobachtungslernen zu begünstigen (Struhs-Wehr, 2017, S. 84). Konkret bedeutet dies, dass Führungskräfte sich ihrer Vorbildfunktion bewusst sein sollten. Daher sollte das eigene Selbstwirksamkeitsempfinden der Führungskraft bewusst gestärkt und weiterentwickelt werden, beispielsweise durch die Teilnahme an Coachings zur Entwicklung der Selbstwirksamkeit. Zudem sollte die eigene Selbstwirksamkeit nach außen getragen werden, wobei Präsenz und Nähe zu den Mitarbeitern diesen Prozess ermöglichen sowie das Beobachtungslernen anregt.

3. Bestärkung und Erwartungen durch die Führungskraft

Eine weitere Möglichkeit die Selbstwirksamkeit der Mitarbeiter zu stärken, lässt sich durch Banduras Quelle „Verbale Information" ermöglichen (Pfeffer & Wegner, 2020, S. 538). Dabei soll eine positive Erwartungshaltung und verbale Ermutigung, die Selbstwirksamkeit der Mitarbeiter erhöhen. Beruhend auf dem Prinzip der sich selbsterfüllenden Prophezeiung (Rosenthal-Effekt genannt), zeigt sich, dass positive und bestärkende Erwartungshaltungen durch die Führungskraft, das Verhalten der Mitarbeiter auch in diese gewünschte Richtung lenken. So kann durch Vertrauen und Ermutigung die eigene Erwartungshaltung und folglich Selbstwirksamkeitsgefühl der Mitarbeiter bestärkt werden (Becker, 2019, S. 181). Konkret sollten Führungskräfte also eine positive Erwartungshaltung gegenüber ihren Mitarbeitern ausstrahlen, was in Form von verbaler Bestärkung und Vermittlung von Vertrauen in die betreffenden Mitarbeiter beim Bewältigen ihrer Aufgaben, umgesetzt werden kann. Kommunikation und Feedback spielen dabei eine entscheidende Rolle.

Aufgabe 3

3. HEXACO-Modell nach Ashton und Lee

Das HEXACO-Modell nach Ashton und Lee (2001) zur Erfassung von Persönlichkeitsmerkmalen basiert auf dem weitläufig etablierten Big-Five-Modell nach Costa und McCrae (1999) und ergänzt dieses mit dem sechsten Faktor „Ehrlichkeit-Bescheidenheit" (im englischen Honesty/Humility) (Andresen, 2015, S. 33). Somit umfasst das Persönlichkeitsstruktur-Modell sechs Dimensionen der Persönlichkeit.

H – Honesty-Humility (Ehrlichkeit-Bescheidenheit)

E – Emotionality (Emotionalität)

X – Extraversion (Extraversion)

A – Agreeableness (Verträglichkeit)

C – Conscientiousness (Gewissenhaftigkeit)

O – Opennes to Experience (Offenheit für Erfahrungen) (Schwarzinger, 2020, S. 13). Wie auch beim Big-Five-Modell soll auch das HEXACO-Modell Persönlichkeitsdimensionen aufstellen, um individuelle Persönlichkeitsstrukturen zu erfassen und auf andere Verhaltensmerkmale zu schließen (Lösch, 2020, S. 8; Myers, 2014, S. 574). Es beruht zudem ebenfalls auf einem lexikalischen Ansatz, also dem Versuch Unterscheidungsmerkmale durch Analyse der Sprache zu ermitteln. Anhand faktoranalytischer Verfahren wurde auf nicht weiter reduzierbare Persönlichkeitsdimensionen geschlossen, die die Persönlichkeit Universell beschreiben soll (Salewski & Renner, 2009, S.81-82). Die Persönlichkeitsdimensionen lassen sich, als Persönlichkeitsfaktoren mit jeweils zwei Polen vorstellen, die in einem dreidimensionalen Koordinatensystem verbildlicht werden könnten (Lösch, 2020, S. 9). In der Dimension Gewissenhaftigkeit stehen sich desorganisiert und organisiert, nachlässig und vorsichtig, impulsiv und diszipliniert gegenüber. Extraversion beinhaltet die Pole zurückhaltend gegenüber gesellig, ernst gegenüber lebenslustig und reserviert gegenüber herzlich. Bei Offenheit für Erfahrungen stehen sich pragmatisch und fantasievoll, Routine und Abwechslung sowie angepasst und unabhängig gegenüber (Myers, 2020, S. 574). Jede Person kann dabei individuell auf den Skalen der Dimension eingeordnet werden. Während sich die Dimensionen Extraversion, Gewissenhaftigkeit und Offenheit direkt aus dem Big-Five-Modell herleiten lassen, sind Emotionalität und Verträglichkeit nicht direkt mit den Faktoren Verträglichkeit und Neurotizismus des Big-

Five-Modells vergleichbar, stellen aber eine Variante dieser Dimensionen dar. Im HEXACO-Modell beinhaltet die Dimension Verträglichkeit unter anderem die Eigenschaften Freundlichkeit, Flexibilität und Geduld, welche Wut, Feindseligkeit und Aggression gegenüberstehen. Bei Emotionalität finden sich Sentimentalität, Abhängigkeit und Angst, die zum Beispiel Mut und Zähigkeit entgegenstehen. Somit sind die beiden abgewandelten Dimensionen, im Gegensatz zu den ursprünglichen Dimensionen des BIG-Five-Modells, auf beiden Polen ausgeglichen in Bezug auf die soziale Erwünschtheit von Eigenschaften (Lösch, 2020, S. 9). Der hinzukommende H-Faktor, Ehrlichkeit-Bescheidenheit, umfasst Regelkonformität und uneigennütziges Verhalten sowie Bescheidenheit und dem Gegenüber eigennütziges Handeln und ein hohes Geltungsbedürfnis (Lösch, 2020, S.9). Damit umfasst das Modell im H-Faktor auch Teile der sogenannten „Dark Traids" der Persönlichkeit, die sich beispielsweise auf narzisstische oder psychopathische Züge einer Persönlichkeit beziehen und im Big-Five-Modell nicht berücksichtigt wurden (Andresen, 2015, S. 33; Schwarzinger, 2020, S. 12). Die theoretische Grundlage des HEXACO-Modells bezieht sich auf zwei Hauptkontexte, die das Modell nach Ashtons und Lees (2007) Standpunkt beinhaltet und besagen, dass die Dimensionen durch biologische begründbare Kontexte erklärbar sind. Sie beziehen sich dabei auf die biologischen Theorien von reziprokem Altruismus und Verwandtenaltruismus, auf welche aus Platzgründen hier nicht genauer eingegangen werden kann (Maltby et al., 2011, S. 425). Das HEXACO-Modell wurde 2009 überarbeitet und es entwickelte sich der so genannte HEXACO-PI-R Test mit 100 Items. Im vorletzten Jahr wurde auch eine verkürzte Version mit 60 Items, HEXACO-60 genannt, öffentlich gemacht. Es lässt sich in mehreren Sprachen herleiten (Lösch, 2020, S. 9). Mittlerweile finden die Persönlichkeitsmodelle, wie Big-Five oder HEXACO, nicht nur Anwendung in der Persönlichkeitsforschung, sondern sind auch für den Personalbereich in Bezug auf Personalentwicklung, Führung und Personalauswahl relevant geworden (Lösch, 2020, S. 9-10). Im folgenden Kapitel soll daher spezifisch auf die Bedeutung des HEXACO-Modells für die Personalauswahl eingegangen werden.

3.1 Bedeutung für das HEXACO-Modell für die Personalauswahl

Bei der Personalauswahl werden Bewerber auf Basis ihrer Fähigkeiten, aber auch auf Grundlage ihrer Persönlichkeitseigenschaften für bestimmte Arbeitsstellen ausgewählt. Die Persönlichkeitsprofile werden mittels eines Vergleichs zu einem spezifischen Anforderungsprofil bewertet, wobei jene Bewerber am geeignetsten eingestuft werden, die am meisten mit dem Anforderungsprofil übereinstimmen (Asendorpf, 2018, S. 11). Das HEXACO-Modell stellt ein mögliches Konzept für die Personalauswahl dar, da es

Persönlichkeitsmerkmale erfasst, durch welche auf Arbeitsleistung und -eignung geschlossen werden kann (Lösch, 2020, S. 9-10). Um das HEXACO-Modell anwenden zu können, ist zunächst zu ermitteln, welche Persönlichkeitsmerkmale relevant bzw. erwünscht sind, für das jeweilige Arbeitsangebot. Dann kann über den HEXACO-PI-R Test ein Persönlichkeitsprofil basierend auf dem HEXACO-Modell von Ashton & Lee entwickelt werden. Im Test mit 100 oder, in verkürzter Form, mit 60 Items, bewerten Probanden Aussagen oder Fragen mittels einer Bewertungsskala von 1 (starke Ablehnung) bis 5 (starke Zustimmung). Die Bearbeitung des Tests entspricht je nach Testform ca. 12-20 Minuten, wobei zwischen „Self-Report Form" (Selbsteinschätzung) und „Observer Report Form" (Fremdbewertung) ausgewählt werden kann (Ahston & Lee, 2009).

Der Zusammenhang zwischen Persönlichkeitsmerkmalen und beruflichem Erfolg bzw. beruflicher Eignung wurde viele Jahre lang untersucht und konnte Beispielsweise durch die Meta-Analyse von Barrick und Mount (1991) oder durch Salgado (1997) belegt werden. So zeigte sich, dass beispielsweise Gewissenhaftigkeit und emotionale Stabilität für Arbeitsleistung und folglich beruflichen Erfolg bedeutsam sind, während Extraversion als Dimensionen, mit Erfolg in Führungspositionen in Beziehung steht (Lösch, 2020, S. 10; Steiniger, 2020, S. 19). So bieten Persönlichkeitstests wie das HEXACO-Modell mehrdimensionale Persönlichkeitsbeschreibungen hinsichtlich berufsrelevanter Merkmale, auf Grundlage der Selbstbeschreibung (Hossiep & Weiß, 2017, S. 162).

Ob Persönlichkeitstests, wie der HEXACO-PI-R, geeignet sind, um Berufliche Eignung zu bewerten ist dennoch umstritten. So wird beispielsweise kritisiert, dass Probanden im Selbsttest dazu neigen sozial erwünschte Antworten zu geben oder den Test unehrlich durchführen könnten und folglich kein Objektives Bild entstehen kann. Dieser Effekt könnte mittels der Durchführung einer zusätzlichen Fremdbewertung (Observer Report) abgeschwächt werden, bringt aber einen hohen Zeitaufwand mit sich und ist aus wirtschaftlicher Sicht unvorteilhaft (Krings, 2017, S. 55). Zudem ist zu hinterfragen, ob ein solches Testverfahren auch angemessene Validität aufweist, da ein Zusammenhang zwischen Persönlichkeit und beruflicher Eignung nicht ausreichend bewiesen werden konnte und die Bestimmung der Ausprägung spezifischen Persönlichkeitsmerkmale nicht direkt als Verhaltensvorhersage genutzt werden können (Krings, 2017, S.55). Trotz der Kritik an der Verwendung von Persönlichkeitstests in der Personalauswahl im Allgemeinen, liegt die Einsatzquote solcher Testverfahren in Deutschland bei ca. 20% (Hossiep & Weiß, 2017, S. 162).

3.2 Relevante Eigenschaften für die Auswahl von Professoren*innen

Das Berufsbild Professor*in kann vielfältige Aufgabenbereiche umfassen, bezieht sich aber verallgemeinert auf das Erforschen und Lehren eines oder mehrerer bestimmter Fachbereich an einer Hochschule. Somit fallen die Gestaltung und Durchführung von beispielsweise Seminaren oder Vorlesungen, das Stellen und Abnehmen von Prüfungen, aber auch die Betreuung, im Sinne der Promotions- und Habilitationsbetreuung, von Studenten in ihren Aufgabenbereich (Bohlken, 2019). Betrachtet man nun wichtige Eigenschaften zur Auswahl von Professoren*innen auf Basis des bereits dargelegten HEXACO-Modells, sind mehrere Persönlichkeitseigenschaften als relevant anzusehen. Zum einem scheint ein hoher Wert der Dimension Gewissenhaftigkeit vorteilhaft für den Professoren*innberuf zu sein. Diese Dimension beinhaltet Persönlichkeitseigenschaften wie Disziplin und Organisiertheit, welche vermutlich in jeder Jobbranche erwünscht sind und besonders im Lehrbereich relevant sind, hinsichtlich der Planung und Gestaltung der Vielzahl von verschiedenen Vorlesungen, Seminaren, Prüfungen und deren Inhalten (Myers, 2020, S. 574). Als weitere nutzbringende Eigenschaft lässt sich eine hohe Offenheit für Erfahrung nennen, da diese Dimension Abwechslungsreichtum, Unabhängigkeit und im weiteren Sinne auch Kreativität mit sich bringt (Myers, 2020, S. 574). Diese Faktoren können helfen, Lehrinhalte anregend für die Studenten*innen gestalten zu können, sind aber auch notwendig für den Forschungsaspekt, um Innovation und Vielseitigkeit anzuregen. Zuletzt ist auch die Dimension Verträglichkeit nennenswert, welche ebenfalls relevant für den Lehr- als auch den Forschungsaspekt ist. So kann eine hohe Verträglichkeit die Eigenschaften Freundlichkeit, Flexibilität und Geduld mit sich bringen und ermöglicht somit auf sozialer Ebene eine positive und konstruktive Interaktion zwischen Student*in und Professor*in (Lösch, 2020, S. 9) Des Weiteren sind Geduld und Flexibilität wichtige Voraussetzungen, die in der Forschung gegeben sein müssen, da diese oftmals sehr zeitintensiv sein kann und Vielfältigkeit im Denken und ihrer Umsetzung erfordert.

Zusammenfassend lassen sich als also hohe Werte in den Dimensionen Gewissenhaftigkeit, Offenheit für Erfahrung und Verträglichkeit als vorteilhafte Eigenschaften für den Professoren*innenberuf nennen, wobei aber ein davon abweichendes Persönlichkeitsprofil nicht als Ungeeignetheit für dieses Berufsprofil gedeutet werden sollte.

Literaturverzeichnis

Andresen, Burghard (2015): *Mythos Big Five. Neue Basisdimensionen der Persönlichkeit*. 1. Aufl. Norderstedt: Books on Demand.

Asendorpf, Jens B. (2019): *Persönlichkeitspsychologie für Bachelor*. Berlin, Heidelberg: Springer Berlin Heidelberg. DOI: 10.1007/978-3-662-57613-7

Ashton, Micheal C. Lee, Kibeom (2009): *HEXACO-PI-R Materials for Researchers*. Zugriff am 16.02.2021. Verfügbar unter https://hexaco.org/hexaco-inventory

Barysch, Katrin Nicole (2016): Selbstwirksamkeit. In: Dieter Frey (Hg.): *Psychologie der Werte*. Berlin, Heidelberg: Springer Berlin Heidelberg, S. 201–211. DOI: 10.1007/978-3-66248014-4_18

Beauducel, André; Leue, Anja (2014): *Psychologische Diagnostik*. Göttingen, Bern, Wien, Paris, Oxford, Prag, Toronto, Boston, Mass., Amsterdam, Kopenhagen, Stockholm, Florenz, Helsinki: Hogrefe (Bachelorstudium Psychologie).

Becker, Florian (Hg.) (2019): *Mitarbeiter wirksam motivieren*. Berlin, Heidelberg: Springer Berlin Heidelberg. DOI: 10.1007/978-3-662-57838-4

Becker, Florian (2019): *Motivation mit Emotion: Wie Gefühle Mitarbeiter motivieren*. In: Florian Becker (Hg.): *Mitarbeiter wirksam motivieren*. Berlin, Heidelberg: Springer Berlin Heidelberg, S. 169–176. DOI: 10.1007/978-3-662-57838-4_18

Bohlken, J. (2019, 26. Februar): *Wie wird man Professor/in*. Zugriff am 17.02.2021. Verfügbar unter https://www.profiling-institut.de/wie-wird-man-professor-in/

Bohus, Martin (2009): *Behandlungsleitlinie Persönlichkeitsstörungen*. Heidelberg: Steinkopff (S2 Praxisleitlinien in Psychiatrie Und Psychotherapie, 1, v. 1).

Burci, Gian Luca; Vignes, Claude-Henri (2004): *World Health Organization*. The Hague, New York, Frederick, MD: Kluwer Law International; Sold and distributed in North America by Aspen Publishers.

Caspar, Franz; Pjanic, Irena; Westermann, Stefan (Hg.) (2018)· *Klinische Psychologie*. Wiesbaden: Springer Fachmedien Wiesbaden. DOI: 10.1007/978-3-531-93317-7

Caspar, Franz; Pjanic, Irena; Westermann, Stefan (2018): *Persönlichkeitsstörungen*. In: Franz Caspar, Irena Pjanic und Stefan Westermann (Hg.): *Klinische Psychologie*. Wiesbaden: Springer Fachmedien Wiesbaden, S. 131–140. DOI: 10.1007/978-3-531-93317-7_11

Faller, Hermann; Lang, Hermann (2010): *Medizinische Psychologie und Soziologie. Mit 11 Tabellen; [nach neuem GK]*. 3., vollst. neu bearb. Aufl. Berlin: Springer (Springer-Lehrbuch).

Frey, Dieter (Hg.) (2016): *Psychologie der Werte*. Berlin, Heidelberg: Springer Berlin Heidelberg. DOI: 10.1007/978-3-662-48014-4

Gerrig, Richard J. (2018): *Psychologie*. 21., aktualisierte und erweiterte Auflage. Hallbergmoos/Germany: Pearson (PS, Psychologie).

Hazard, Barbara P. (1997): *Humanökologische Perspektiven in der Gesundheitsförderung*. Wiesbaden: VS Verlag für Sozialwissenschaften. DOI: 10.1007/978-3-322-83297-9

Hossiep, Rüdiger; Weiß, Sabine (2017): *Testverfahren II: Persönlichkeit und personenbezogene Attribute*. In: Diana Eva Krause (Hg.): Personalauswahl. Wiesbaden: Springer Fachmedien Wiesbaden, S. 159–180. DOI: 10.1007/978-3-658-14567-5_7

Kalch, Anja (2019): *Persönliche Erfahrungen in Gesundheitsbotschaften*. Wiesbaden: Springer Fachmedien Wiesbaden. DOI: 10.1007/978-3-658-26966-1

Krause, Diana Eva (Hg.) (2017): *Personalauswahl*. Wiesbaden: Springer Fachmedien Wiesbaden. DOI: 10.1007/978-3-658-14567-5

Krings, Thorsten (2017): *Erfolgsfaktoren effektiver Personalauswahl*. Wiesbaden: Springer Fachmedien Wiesbaden. DOI: 10.1007/978-3-658-16456-0

Lösch, Regina (2020): *Einstellungen gegenüber Minoritäten*. Wiesbaden: Springer Fachmedien Wiesbaden. DOI: 10.1007/978-3-658-28020-8

Maltby, John; Day, Liz; Macaskill, Ann (2011): *Differentielle Psychologie, Persönlichkeit und Intelligenz*. 2., aktualisierte Aufl. München: Pearson Studium (Psychologie).

Myers, David G. (2014): *Psychologie*. Berlin, Heidelberg: Springer Berlin Heidelberg. DOI: 10.1007/978-3-642-40782-6

Pfeffer, Ines; Wegner, Mirko (2020): *Modelle zur Erklärung der Veränderung von Gesundheitsverhalten und körperlicher Aktivität*. In: Julia Schüler, Mirko Wegner und Henning Plessner (Hg.): *Sportpsychologie*. Berlin, Heidelberg: Springer Berlin Heidelberg, S. 533–549. DOI: 10.1007/978-3-662-56802-6_23

Prölß, Andrea; Schnell, Thomas; Koch, Leona Julie (2019*): Psychische Störungsbilder*. Berlin, Heidelberg: Springer Berlin Heidelberg. DOI: 10.1007/978-3-662-58288-6

Rentzsch, Katrin; Schütz, Astrid (2009): *Psychologische Diagnostik*. 1. Aufl. Stuttgart: Kohlhammer (Kohlhammer-Urban-Taschenbücher, Bd. 565).

Sachse, Rainer (2020): *Narzisstische Persönlichkeitsstörungen*. In: Thomas Schnell und Knut Schnell (Hg.): *Handbuch Klinische Psychologie*. Berlin, Heidelberg: Springer Berlin Heidelberg, S. 1–13. DOI: 10.1007/978-3-662-45995-9_42-1

Sachse, Rainer; Sachse, Meike; Fasbender, Jana (2011): *Klärungsorientierte Psychotherapie der narzisstischen Persönlichkeitsstörung*. 1. Auflage. Göttingen: Hogrefe Verlag.

Salewski, Christel; Renner, Britta (2009): *Differentielle und Persönlichkeitspsychologie*. Mit 92 Übungsaufgaben. München: Reinhardt (UTB basics, 3127 : Basics).

Schnell, Thomas; Schnell, Knut (Hg.) (2020): *Handbuch Klinische Psychologie*. Berlin, Heidelberg: Springer Berlin Heidelberg. DOI: 10.1007/978-3-662-45995-9

Schüler, Julia; Wegner, Mirko; Plessner, Henning (Hg.) (2020): *Sportpsychologie*. Berlin, Heidelberg: Springer Berlin Heidelberg. DOI: 10.1007/978-3-662-56802-6

Schwarzinger, Dominik (2020*): Die Dunkle Triade der Persönlichkeit in der Personalauswahl*: Hogrefe. DOI: 10.1026/03014-000

Steininger, Thomas (Hg.) (2020): *Der Einsatz psychologischer Testverfahren in Unternehmen. Ein Leitfaden für Anwender und solche, die es werden wollen*. 1st ed. 2020. Wiesbaden: Springer Fachmedien Wiesbaden; Springer (essentials).

Steininger, Thomas (2020): *Der Einsatz psychologischer Testverfahren in Unternehmen*. Wiesbaden: Springer Fachmedien Wiesbaden. DOI: 10.1007/978-3-658-28462-6_1

Wyhlidal, Katrin (1997): *Aggressionsinduktion und Testosteronreaktion bei serotonerger Stimulation in Abhängigkeit von Sensation seeking*. Münster, New York, München, Berlin: Waxmann (Internationale Hochschulschriften, Bd. 264).

BEI GRIN MACHT SICH IHR WISSEN BEZAHLT

- Wir veröffentlichen Ihre Hausarbeit,
  Bachelor- und Masterarbeit

- Ihr eigenes eBook und Buch -
  weltweit in allen wichtigen Shops

- Verdienen Sie an jedem Verkauf

Jetzt bei www.GRIN.com hochladen
und kostenlos publizieren